Tiroler Bäuerinnen

Keksezeit ist Glückszeit

Keksezeit ist Glückszeit

Die besten Rezepte aus der bäuerlichen Weihnachtsbäckerei

Mit Fotos von Kary Wilhelm

Tyrolia-Verlag · Innsbruck-Wien

Inhalt

Eine gute Tradition

Die Tiroler Bäuerinnen haben den Ruf, gut und gerne zu kochen und ebenso meisterhaft zu backen. Wahrscheinlich wurden wir aus diesem Grund als Projektpartnerinnen für das Buch „Keksezeit ist Glückszeit“ ausgewählt. Wir bedanken uns sehr für diese Chance! Neben dem Thema gesunde Ernährung (in dem sich Kekse nur ab und zu wiederfinden) gehört zu den Zielen der Tiroler Bäuerinnen auch der Erhalt von Kultur und Brauchtum. Das Keksebacken hat eine lange Tradition und bringt in der Vorweihnachtszeit eine unvergleichbare Stimmung sowie besondere Düfte in unsere Häuser. Nahezu jede Familie freut sich über selbstgebackene Leckereien! Werden sie gemeinsam hergestellt, schafft das eine unvergleichliche Vorweihnachtsstimmung. Geht es doch heute mehr denn je um Zeit, die wir miteinander gestalten können. Die vorliegenden Rezepte können dazu beitragen, wieder Spaß am gemeinsamen Backen zu finden. Sie wurden sorgfältig ausgewählt und sind vielfach erprobt. Voraussetzung dafür, dass sie auch gelingen, ist die Verwendung von ausschließlich hochwertigen Zutaten: Mehl, Butter, Eier, Honig und Marmelade aus der Region verhelfen zu kulinarischen Meisterwerken! Tipps dazu sind in den Rezepten zu finden.

Ich danke den Bäuerinnen aus allen Bezirken Tirols, die ihre Lieblingsrezepte aufgeschrieben, die Kekse für die Fotos gebacken und anschließend verschickt haben. Schon das Verkosten machte uns Lust auf mehr!

So wünsche ich Ihnen viel Freude bei der Pflege des guten alten Brauches des Keksebackens in der Vorweihnachtszeit und viele Glücksmomente beim Genießen oder Verschenken der eigenen Weihnachtsbäckerei!

Helga Brunschmid
Landesbäuerin

7 praktische Tipps für perfekte Kekse

Damit Ihre selbstgebackenen Kekse immer perfekt gelingen, haben wir hier die 7 besten Tipps für Sie zusammengestellt. Folgen Sie diesen Ratschlägen und zaubern Sie köstliche Kekse, die Ihre Familie und Freunde begeistern werden.

Tipp 1 HOCHWERTIGE ZUTATEN

Die Qualität der Zutaten ist der Schlüssel zu köstlichen Keksen. Verwenden Sie frische Butter, regional hergestelltes Bio-Mehl, feinsten Zucker und hochwertige Schokolade. Dies wirkt sich direkt auf den Geschmack und die Konsistenz der Kekse aus.

Tipp 2 BEACHTEN SIE DIE RICHTIGEN MENGENANGABEN!

Achten Sie darauf, die Zutaten gemäß dem Rezept genau abzumessen. Das richtige Verhältnis von Mehl, Zucker, Butter und anderen Zutaten ist entscheidend für das Gelingen der Kekse. Zu viel oder zu wenig von einer Zutat kann das Ergebnis beeinträchtigen.

Tipp 3 VERWENDEN SIE BACKPAPIER ODER EINE SILIKONBACKMATTE!

Verwenden Sie beim Backen von Keksen Backpapier oder eine Silikonbackmatte, um ein Anhaften der Kekse zu verhindern. Dadurch lassen sich die Kekse leichter vom Blech lösen und die Reinigung wird ein Kinderspiel.

Tipp 4 DIE RICHTIGE BACKZEIT?

Bei vielen Rezepten im Buch ist eine Backzeit in Minuten angegeben. Die Erfahrung zeigt aber, dass diese je nach Backofen ein wenig variieren kann. Gerade wenn man ein Rezept zum ersten Mal ausprobiert, ist es sinnvoll, die Kekse im Ofen im Auge zu behalten und dann je nach Bräunungsgrad ein paar Minuten Backzeit anzuhängen oder abzuziehen.

Tipp 5 LASSEN SIE DIE KEKSE VOLLSTÄNDIG AUSKÜHLEN!

Nachdem Sie die Kekse aus dem Ofen genommen haben, sollten diese auf einem Rost vollständig auskühlen, bevor sie aufbewahrt oder gegessen werden. Dadurch werden sie knuspriger und erhalten ihre optimale Textur.

Tipp 6 DEKORIEREN SIE DIE KEKSE KREATIV!

Das Auge isst mit! Kekse sind nicht nur köstlich, sondern im Idealfall auch optisch ansprechend zubereitet. Lassen Sie Ihrer Kreativität freien Lauf und verzieren Sie die Kekse mit Schokoladenglasur, Zuckerguss, Streuseln oder bunten Zuckerperlen. Eine schöne Dekoration macht die Kekse nicht nur appetitlicher, sondern verleiht ihnen auch eine persönliche Note.

Tipp 7 LAGERN SIE DIE KEKSE RICHTIG!

Bewahren Sie Ihre Kekse in einer luftdichten Dose oder einem Plastikbehälter an einem kühlen und trockenen Ort auf, damit sie frisch und knusprig bleiben. Sie können auch Pergamentpapier zwischen die Kekse legen, um ein Zusammenkleben zu verhindern.

Rezepte

zum Backen mit Kindern geeignet

glutenfrei

vegan

Katharina Sollerer

Zimtschnecken

MÜRBTEIG

250 g Mehl, glatt
90 g Staubzucker, gesiebt
1 Pkg. Vanillezucker
1 Pkg. Backpulver
1 Prise Salz
140 g Butter, kalt
1 Ei (Gr. M)

ZIMTMASSE

100 g Butter
40 g Zucker
4 EL Honig
3 EL Zimt
15 g Mehl, glatt
15 g Vanillepuddingpulver

> Für den Teig Mehl, Staubzucker, Vanillezucker, Backpulver, Salz, kalte Butter und Ei zu einem feinen und glatten Mürbteig verarbeiten. Den Teig in Frischhaltefolie wickeln und für 1 bis 2 Stunden in den Kühlschrank legen.

> Für die Zimtmasse die Butter in einem Topf schmelzen, Zucker, Honig, Zimt, Mehl und Puddingpulver zugeben und verrühren. Die Masse erhitzen, bis sich eine sämige Konsistenz ergibt, dann den Topf vom Herd nehmen.

> Den Teig aus dem Kühlschrank nehmen, kurz durchkneten und auf einer bemehlten Arbeitsfläche 2 bis 3 mm dick ausrollen. Die Teigplatte in ca. 12 cm breite Streifen schneiden. Die Enden gerade schneiden, damit sich Rechtecke ergeben.

> Die Teigstreifen auf Frischhaltefolie legen, mit der Zimtmasse dünn bestreichen und dabei 1 bis 2 cm Rand frei lassen.

> Die Streifen der Längsseite nach aufrollen, mit der Frischhaltefolie einwickeln und für eine halbe Stunde tiefkühlen. So lässt sich später die Rolle ohne Verformung schneiden.

> Die gefrorene Teigrolle in 6 mm dicke Scheiben schneiden und mit genügend Abstand auf ein mit Backpapier ausgelegtes Blech geben.

> Die Zimtschnecken im Rohr bei 160 °C Heißluft (oder 180 °C Ober-/Unterhitze) für ca. 13 bis 15 Minuten (der Mürbteig sollte sich leicht zu bräunen beginnen) backen und anschließend auf dem Backpapier erkalten lassen.

Zimt ist der Klassiker in der Weihnachtszeit. Wenn dann feiner Mürbteig und Honig aus der Region hinzukommen, ist mein perfektes Weihnachtsgebäck fast komplett.

Tipp Wird die Zimtmasse zu fest zum Streichen, einfach noch einmal leicht erwärmen und sie wird wieder streichfähig. Für Zimtschnecken-Cookies einfach die Teigrollen dicker machen und die einzelnen Scheiben ca. 1 cm dick schneiden.

Judith Horngacher

Linzer Augen mit Tonkabohne

300 g	Mehl
100 g	Staubzucker
100 g	Nüsse, gemahlen
1 Prise	Salz
200 g	Butter
1	Eidotter
1	Ei
	Abrieb von ½ Zitrone
1 Stk.	Tonkabohne, gemahlen
	Marillenmarmelade, fein passiert
	Staubzucker (zum Bestreuen)

> Mehl, Staubzucker, Nüsse, Salz, Butter, Eidotter, Ei, Zitronenabrieb sowie Tonkabohne zu einem feinen, glatten Teig verkneten. Den Teig in Frischhaltefolie wickeln und für 2 Stunden in den Kühlschrank legen.

> Danach den Teig nochmals durchkneten und ihn anschließend auf einer leicht bemehlten Arbeitsfläche 3 bis 4 mm dünn ausrollen.

> Die Hälfte der Kekse mit einem Linzer-Augen-Ausstecher ohne Löcher ausstechen, die zweite Hälfte mit einem 3-Loch- oder beliebigen anderen Ausstecher (zum Beispiel so wie hier mit Herzform). Alle auf ein mit Backpapier belegtes Backblech legen.

> Im vorgeheizten Backofen bei 160 °C Heißluft 8 bis 10 Minuten goldbraun backen.

> Zuerst alle Kekse auskühlen lassen. Die gelochten Kekse mit Staubzucker bestreuen, jene ohne Löcher mit Marmelade bestreichen und anschließend beide Hälften zusammensetzen.

Tipp

Die Linzer Augen schmecken auch mit Ribiselgelee sehr gut. Für die Linzer Augen kann man jede beliebige Form zum Ausstechen verwenden.

Klassisch, bodenständig, traditionell mit einem Hauch von Karibik. Die Tonkabohne hat ein betörendes Aroma, das an Vanille und Bittermandel erinnert. Die Tonkabohne wird in Teilen der Karibik angebaut.

Heidi Bacher

Marzipan-Kugeln

200 g	Staubzucker
150 g	Mandeln, geschält und gerieben
1–2	Eiweiß (Gr. M)
3–4 Tr.	Bittermandelöl
etwas	Staubzucker (um die Kugeln darin zu wälzen)

> Den Staubzucker, die geschälten, geriebenen Mandeln, das Eiweiß und das Bittermandelöl zu einer Masse verkneten.
> Diese etwas durchziehen lassen und daraus gleichmäßige mundgerechte Kugeln formen.
> Die Kugeln anschließend in Staubzucker wälzen.

Tipp **Zuerst immer nur 1 Eiweiß nehmen und erst wenn man bemerkt, dass man noch eines benötigt, ein weiteres. Ganz wichtig ist, dass die Mandeln geschält sind.**

Das ideale Rezept für viel Entspannung beim Backen und genussvolle Überraschungsmomente beim Verkosten und Verschenken.

Alexandra Pfister

Tscherboschnitten

TEIG

10 g Germ (trocken)
2 EL Milch
250 g Butter
450 g Mehl
2 EL Zucker
1 Msp. Backpulver
1 Ei (Gr. L)

FÜLLE

200 g Zucker
200 g Walnüsse, gerieben
etwas Rum

Marillenmarmelade
Schokoglasur

> Den Germ in 2 EL Milch auflösen. Alle weiteren Zutaten hinzufügen und am Nudelbrett gut durchkneten, bis ein geschmeidiger Teig entsteht.

> Für die Fülle Zucker und Nüsse vermischen und mit einem Schuss Rum streichfähig machen.

> Nun den Teig in drei Teile teilen und jeweils dünn ausrollen (Backblechgröße). Den ersten Teil auf ein mit Backpapier ausgelegtes Backblech legen und mit Marillenmarmelade bestreichen, dann die halbe Nussmasse darauf verteilen.

> Obendrauf den zweiten Teil des Teigs legen und auch diesen mit Marillenmarmelade und der restlichen Nussmasse bestreichen. Dann mit dem letzten ausgerollten Teigstück bedecken.

> Ungefähr 35 Minuten bei 170 °C Heißluft (bis max. 180 °C Ober-/Unterhitze) backen, nach dem Abkühlen mit erwärmter Schokoglasur überziehen und anschließend in Schnitten schneiden.

Tipp **Der Teig kann natürlich auch mit einer Küchenmaschine verarbeitet werden!**

Zur Sommersaison 1979 ist meine Mama aus dem Burgenland gekommen, um zu bleiben, und bereits seit damals gehören die Tscherboschnitten in unserer Familie und im Bekanntenkreis zum Advent und zur Weihnachtszeit, als ob es ein Tiroler Rezept wäre.

Margreth Osl

Gipfelstürmer

TEIG

240 g Mehl (Type 480)
160 g Butter
80 g Staubzucker
1 Pkg. Vanillezucker
2 Dotter

WINDMASSE

3 Eiklar
90 g Kristallzucker
120 g Staubzucker

> Mehl und Butter abbröseln. Staubzucker, Vanillezucker und Dotter rasch einarbeiten. Teig in Frischhaltefolie wickeln und im Kühlschrank ½ Stunde rasten lassen.

> Anschließend auf einer bemehlten Arbeitsfläche dünn auswalken und kleine, runde Scheiben (Durchmesser ca. 3 cm) ausstechen.

> Die Scheiben auf ein vorbereitetes Backblech geben und im vorgeheizten Backofen bei 200 °C Heißluft auf Sicht (ca. 2 bis 3 Minuten) backen. Die Scheiben sollen sehr hell sein! Auskühlen lassen.

> Für die Windmasse Eiklar zu steifem Schnee schlagen, Kristallzucker löffelweise einschlagen, Staubzucker nur kurz einrühren – sonst beginnt die Windmasse wieder flüssig zu werden.

> Die Windmasse in einen Spritzsack mit gezackter oder glatter Tülle füllen, auf die Keksscheiben aufspritzen und bei 100 °C Heißluft ca. 30 Minuten trocknen lassen.

> Wenn man möchte, kann man jeweils zwei Kekse (so wie im Bild) mit einem Klecks Marmelade aneinanderkleben.

Tipp

Die Windmasse eignet sich auch sehr gut für Windbäckerei.

Die Gipfelstürmer sind meine Lieblingskekse und ich habe sie auch ein klein wenig kreativ abgewandelt.

Sonja Hörbiger

Klassischer Lebkuchen

250 g	Butter
160 g	Honig
360 g	Staubzucker
600 g	Roggenmehl
2 TL	Natron
1 Pkg.	Lebkuchengewürz
1 TL	Zimtpulver
1 TL	Nelkenpulver
4	Eier
1	Ei und
2 EL	Milch (zum Bestreichen)

> Butter und Honig in einem Topf langsam erhitzen. Staubzucker hinzugeben und gut verrühren. Roggenmehl, Natron, Gewürze und Eier in eine Rührschüssel geben. Buttergemisch beimengen und alles gut verrühren. Teig zudecken und mindestens 12 Stunden bei Zimmertemperatur stehen lassen.

> Das Backrohr auf 170 °C Heißluft vorheizen. Den gesamten Teig auf ein Backblech geben und auseinanderdrücken oder ausrollen.

> Nun mit der Gabel alle 3 cm horizontal und vertikal Linien ziehen. Ei und Milch verquirlen, den Teig bestreichen.

> Den Lebkuchen ca. 25 bis 30 Minuten backen. Danach kann man ihn in 10 x 10 cm große Stücke schneiden.

> Alternative: Wenn man vor dem Backen Formen ausstechen möchte, dann den Teig 1 cm dick ausrollen und 20 Minuten im Backrohr backen.

Tipp **Damit der Lebkuchen weich wird, kann man Apfelhälften oder Orangenschalen mit in die Vorratsdose legen, muss diese aber alle paar Tage austauschen. Wenn man die Backblechvariante (ohne Ausstechen) gewählt hat, ist der Lebkuchen schon weich genug.**

Der Teig lässt sich super vorbereiten und dann verarbeiten. Wir lieben diese Lebkuchen im Winter zur Weihnachtszeit, aber genauso im Sommer zur Kaffeejause beim Heuen.

Magdalena Kraler

Vulkanland-krapferln

TEIG

400 g Mehl, glatt
300 g Butter
100 g Staubzucker
1 Prise Salz
1 Ei

SCHAUM

3 Eiklar
210 g Staubzucker

Kürbiskerne, gerieben (zum Bestreuen)
beliebige Marmelade (zum Füllen)

> Das Mehl mit der Butter verbröseln, Zucker und eine Prise Salz hinzugeben und mit dem ganzen Ei zu einem glatten Teig verarbeiten. Diesen mindestens 30 Minuten an einem kühlen Ort rasten lassen.

> Nun den Teig auf einem Nudelbrett ca. 3 mm dick ausrollen und Kreise ausstechen. Diese auf ein mit Backpapier belegtes Backblech legen und bei 180 °C Ober-/Unterhitze ca. 8 bis 10 Minuten backen.

> Für den Schaum Eiklar steif schlagen, mit Staubzucker ausschlagen, über Dampf 10 Minuten rühren und anschließend kalt schlagen.

> Jetzt den Schaum in einen Spritzsack mit kleiner Sterntülle füllen, einen Ring auf die ausgekühlten Kekse aufdressieren und den Schaum mit den geriebenen Kürbiskernen bestreuen.

> Anschließend die Vulkanlandkrapferln noch 15 Minuten im Backofen bei 120 °C Heißluft trocknen. Die Marmelade erwärmen und jeweils einen Klecks davon in die Mitte der Krapferln geben.

Diese Kekse dürfen bei mir zu Weihnachten nicht fehlen, sind nicht allzu aufwendig, sehr schmackhaft und machen am Keksteller wirklich was her.

Tipp

Im Grunde funktioniert das Rezept mit jeder beliebigen Marmelade. Je fruchtiger diese ist, desto besser schmecken die Kekse.

Julia Ainberger

Gewürzkekse

250 g	weiche Butter
125 g	Rohrzucker
½ Pkg.	Vanillezucker
etwas	Salz
2	Eier
325 g	Dinkelmehl
1 Msp.	Backpulver
10 g	Gewürzmischung (Zimt, Nelken)

> Die weiche Butter wird mit dem Rohrzucker, Vanillezucker und etwas Salz einige Minuten aufgeschlagen. Anschließend gibt man nach und nach die Eier hinzu, bis eine glatte Masse entsteht. Zuletzt kommen Mehl, Backpulver sowie die Gewürzmischung in den Teig.

> Die Masse mit einem Spritzsack und einer Sterntülle auf ein mit Backpapier ausgelegtes Backblech aufdressieren und anschließend im vorgeheizten Backofen bei 180 °C Heißluft goldbraun backen.

Tipp

Für den Crunch kann man vor dem Backen noch zerkleinerte Mandelblättchen darüberstreuen.

Ist Besuch im Anmarsch oder wird noch ein kleines Mitbringsel benötigt? Dann wird es Zeit, Gewürzkekse zu backen. Diese sind kinderleicht und schnell mit wenigen Zutaten zubereitet. Sie schmecken winters wie sommers und dürfen daher zu keiner Jahreszeit fehlen!

Elisabeth Tschugg

Eierlikörkekserln

TEIG

200 g Mehl
1 EL Eierlikör
2 Dotter
80 g Staubzucker
100 g Butter

CREME

50 g Butter
100 g weiße Schokolade
6 EL Eierlikör

> Aus dem Mehl, dem Eierlikör, den Dottern, dem Staubzucker und der Butter einen feinen Mürbteig herstellen. Diesen 1 Stunde im Kühlschrank rasten lassen.

> Den Teig 2 bis 3 mm dick ausrollen und kleine Sterne ausstechen.

> Bei 180 °C Ober-/Unterhitze etwa 8 Minuten im Rohr backen.

> Für die Creme die Butter schaumig rühren. Schokolade im Wasserbad zum Schmelzen bringen und mit dem Eierlikör unter die Butter mischen.

> Je zwei Sterne mit dieser Creme zusammenkleben.

Tipp

Ich backe die Kekse mit feinem Dinkelkochmehl, dann sind sie vollwertiger.

Der Teig lässt sich schnell und gut verarbeiten. Die Kekse sind wahre Hingucker am Keksteller und schmecken einfach genial.

Marianne Trixl

Haferflockenbusserln

80 g	Butter
200 g	Zucker
250 g	Haferflocken, geschrotet
2	Eier
½	Zitrone (Saft & Schale)
100 g	Haselnüsse, gerieben
½ Pkg.	Backpulver

> Die Hälfte der Butter und des Zuckers mit den Haferflocken vorsichtig anrösten. Achtung! Sie dürfen nicht dunkel werden. Die Haferflocken auf einem Backblech verteilen und auskühlen lassen.

> Nun die übrige Butter schaumig schlagen, den restlichen Zucker, die Eier, die geriebene Zitronenschale und den Zitronensaft hinzufügen und gut aufschlagen. Anschließend die überkühlte Haferflockenmasse mit den Haselnüssen und dem Backpulver vermengen und unter die Buttermasse rühren.

> Ein Backblech mit Backpapier belegen und mit zwei Teelöffeln kleine Häufchen der Keksmasse darauf platzieren. Das Backrohr auf 200 °C Heißluft vorheizen und die Busserln ca. 10 Minuten goldgelb backen.

Tipp

Die fertige Masse über Nacht an einen kühlen Ort stellen, dann zerlaufen die Busserln auch nicht beim Backen.

Superschnell und einfach zu backen. Das Rezept habe ich aus meiner Berufsschulzeit und es ist seitdem fixer Bestandteil auf unserem Keksteller. Die Haferflockenbusserln sind eine gesunde, glutenfreie Alternative für Groß und Klein und eignen sich auch perfekt für die Jausenbox oder als Snack zwischendurch.

Heidi Bacher

Linzer Augen

300 g Mehl
200 g Bauernbutter
100 g Staubzucker
2 Dotter

Marmelade nach Wahl
Staubzucker (zum Bestreuen)

> Aus allen Zutaten rasch einen Mürbteig bereiten und diesen auf einer mit wenig Mehl bestreuten Arbeitsfläche 2 bis 3 mm dick ausrollen.

> Eine Hälfte der Kekse in Form von Linzer Augen ohne Löcher ausstechen und auf ein mit Backpapier belegtes Blech legen. Die zweite Hälfte der Kekse mit der dazugehörigen Drei-Loch-Form ausstechen.

> Im vorgeheizten Backrohr bei 180 °C Ober-/Unterhitze auf Sicht backen. Danach flach liegend auf der Arbeitsfläche auskühlen lassen.

> Die Kekse mit Löchern mit Staubzucker bestreuen, die ohne mit Marmelade bestreichen und je ein Kekserl mit Löchern und eines ohne zusammensetzen.

Tipp **Zum Füllen Marillenmarmelade verwenden!**

Backen ist keine Arbeit. Beim Backen kann man kreativ sein, entspannen, abschalten und den täglichen Druck einmal beiseiteschieben. Mit diesem absoluten Kekse-Klassiker gelingt das ausgezeichnet und das Ergebnis kann sich sehen lassen.

Gabi Schneider-Fuchs

Gschmackige Lebkuchenkekse

600 g	Roggenmehl
500 g	Rohrzucker
3–4	Eier, je nach Größe
250 g	Honig, warm
1 EL	Zimt, gemahlen
1 EL	Nelkenpulver
1 TL	Natron
1 TL	Zitronenschale

> Die Zutaten gut zusammenkneten. Den Lebkuchenteig etwa 1 cm dick auswalken und daraus mit einem Glas runde Kekse ausstechen. Die Lebkuchenkekse auf ein Backblech legen und bei 220 °C Ober-/Unterhitze ca. 10 Minuten backen.

> Abgekühlt in eine Dose geben, sie sind sehr weich und schmecken wunderbar.

Tipp

Ich pinsle die Lebkuchen vor dem Backen gerne mit Eidotter ein, dann werden sie schön glänzend. Mit guter Butter bestrichen schmecken sie noch einmal besser!

Nach diesem Rezept wird in unserer Familie schon seit fast 100 Jahren gebacken. Es ist fast identisch in den Rezeptbüchlein unserer Großmütter in Wörgl und Alpbach zu finden. Wenn wir heute in diese guten Lebkuchen hineinbeißen, werden Kindheitserinnerungen wach.

Heidi Bacher

Vanillekipferln

300 g	Mehl
200 g	Bauernbutter
100 g	Staubzucker
100 g	Mandeln, gerieben
2	Dotter
200 g	Staubzucker und
50 g	Vanillezucker (zum Wälzen)

> Aus allen Zutaten rasch einen Mürbteig bereiten, diesen zu einer Rolle formen und kleine Stücke abschneiden.

> Nun aus den Stücken mit den Handflächen zunächst kleine Kugeln formen, diese dann mit den Fingern auf der Arbeitsfläche zu 4 cm langen Stangerln rollen und zu Kipferln biegen. Dabei rasch arbeiten und den gerade nicht benötigten Teig inzwischen wieder in den Kühlschrank stellen.

> Im vorgeheizten Backrohr bei 180 °C Ober-/Unterhitze auf Sicht backen. Anschließend noch heiß vorsichtig in der Staubzucker-Vanillezucker-Mischung wälzen.

Tipp

Die Enden der Kipferln sollten nicht zu spitz sein, sonst werden sie beim Backen zu dunkel.

Der absolute Klassiker und für viele Menschen das Weihnachtsgebäck schlechthin. Mit diesem Rezept gelingen die Vanillekipferln auf Anhieb.

Karin Köll

Tiroler Schokobrote

2 Eier (M)
80 g Staubzucker
2 EL Rum
½ TL Zimt
130 g Walnüsse, gerieben
70 g Schokolade, gerieben
1½ EL Mehl

Staubzucker (zum Wälzen)

> Eier trennen und Eiklar zu festem Schnee schlagen. Dotter, Zucker, Rum und Zimt schaumig rühren. Nüsse, Schokolade, Mehl und Eischnee unterheben.

> Die Masse 30 Minuten rasten lassen. Anschließend aus der Masse kleine Kugeln formen, in Staubzucker wälzen und auf das Blech (mit Backpapier) legen.

> Im vorgeheizten Backrohr bei 160 °C Ober-/Unterhitze für ca. 15 Minuten backen. Abkühlen lassen und genießen.

Tipp

Walnüsse werden aufgrund ihrer wertvollen Nährstoffe nicht nur als Highlight in der Küche verwendet, sondern sind auch als leckerer Snack für zwischendurch sehr beliebt.

Die Schokobrote schmecken mit Walnüssen besonders gut, sind einfach in der Zubereitung und sehen nach dem Backen wie kleine Vinschgerln aus.

Judith Horngacher

Stempelkekse

200 g Butter
125 g Feinkristallzucker
1 Ei
1 Prise Salz
1 Pkg. Vanillezucker
2 TL Lebkuchengewürz
280 g Mehl
1 Msp. Backpulver
20 g Backkakao

> Die Butter mit dem Zucker verrühren, Ei, Salz, Vanillezucker und Lebkuchengewürz dazugeben. Zum Schluss das Mehl, Backpulver und den Kakao vorsichtig untermengen. Den Teig in Frischhaltefolie geben und für 1 bis 2 Stunden in den Kühlschrank legen.

> Den Backofen auf 175 °C Heißluft vorheizen. Den Teig auf einer bemehlten Arbeitsfläche ca. 4 mm dick ausrollen.

> Mit einem Keksstempel den Teig stempeln und anschließend mit einem geeigneten Ausstecher ausstechen. Auf ein mit Backpapier ausgelegtes Backblech geben und ca. 10 Minuten backen. Anschließend auskühlen lassen.

Tipp
Mehl und Kakao sieben, dann wird der Teig feiner!

Dieses Rezept stammt von einer lieben Freundin aus Deutschland. Wir sind schon seit Jahrzehnten befreundet und jedes Jahr zu Weihnachten genießen wir diese und weitere köstliche Kekse.

Melanie Kraler

Eierlikörschiffchen

TEIG
200 g glattes Mehl
80 g Staubzucker, gesiebt
100 g Butter
1 EL Eierlikör
1 Eidotter
1 Prise Salz

CREME
50 g weiche Butter
100 g weiße Schokolade
6 EL Eierlikör

VERZIERUNG
150 g dunkle Schokoladenglasur

> Die Teigzutaten rasch zu einem Mürbteig verkneten, diesen in Frischhaltefolie wickeln und 1 Stunde im Kühlschrank rasten lassen.
> Den Teig auf einer bemehlten Arbeitsfläche ca. 2 mm dick ausrollen und mit einer Schiffchen- oder einer beliebigen anderen Form Kekse ausstechen.
> Diese auf einem mit Backpapier ausgelegten Backblech bei 175 bis 180 °C Ober-/Unterhitze ca. 8 Minuten backen.
> Für die Creme die Butter schaumig rühren, die weiße Schokolade über einem Wasserbad schmelzen und mit dem Eierlikör gut unter die aufgeschlagene Butter rühren.
> Jeweils zwei Kekse mit der Creme zusammensetzen und einige Stunden anziehen lassen.
> Zum Verzieren die Schokoladenglasur über einem Wasserbad schmelzen und die Kekse bis zur Hälfte hineintunken.

Tipp: Da sie so elegant aussehen, eignen sich die Kekse auch sehr gut als Geschenk!

Diese Kekse schauen am Keksteller sehr elegant aus und schmecken ausgezeichnet. Ich habe dieses Rezept von meiner Mama erhalten. Zu Weihnachten sind Eierlikörschiffchen bei uns somit ein Muss.

Marita Fuchs

Dukatenplätzchen

TEIG

- 250 g Weizenmehl
- 75 g Backzucker
- 125 g Butter oder Margarine
- 1 Pkg. Vanillezucker
- 1 Prise Salz
- 1 Ei
- 1 EL Milch

FÜLLUNG

- 125 g Kokosfett
- 65 g Staubzucker
- 1 Pkg. Vanillezucker
- 25 g Backkakao
- 6 Tr. Rum-Aroma
- 1 Ei

GLASUR

- 130 g Zartbitterschokolade
- 90 g Butter

> Mehl, Zucker, Butter, Vanillezucker, Salz, Ei und Milch rasch zu einem glatten Mürbteig verkneten. Diesen zugedeckt für 2 Stunden in den Kühlschrank stellen.

> Danach den Teig kurz durchkneten und auf einer bemehlten Arbeitsfläche 3 mm dick ausrollen. Mit einem runden, ca. 3 cm großen Ausstecher Scheiben ausstechen und auf ein mit Backpapier ausgelegtes Backblech legen. Dies so oft wiederholen, bis der ganze Teig aufgebraucht ist.

> Die ausgestochenen Kekse bei 200 °C Ober-/Unterhitze ca. 8 Minuten goldgelb backen, anschließend auskühlen lassen.

> Für die Füllung das Kokosfett zerlassen und abkühlen lassen, bis es lauwarm ist. Nun Staubzucker, Vanillezucker, den gesiebten Kakao und das Rum-Aroma nach und nach mit dem Ei und dem lauwarmen Kokosfett verrühren. Die Masse kaltstellen.

> Sobald die Füllung etwas fester ist, bestreicht man die Hälfte der Kekse auf der Oberseite und legt die übrigen Kekse mit der Unterseite darauf.

> Nun müssen die Plätzchen über Nacht ruhen, damit die Füllung fest wird.

> Am nächsten Tag für die Schokoladenglasur die Butter und Kochschokolade über Wasserdampf schmelzen lassen und gut verrühren. Nun die Kekse zur Hälfte in die Glasur tauchen und anschließend abkühlen lassen.

Dieses Rezept wird schon seit Generationen in unserer Familie weitergegeben. Die Kekse sind leicht zu backen, und machen auf dem Keksteller einen super Eindruck.

Tipp Ich mache gleich die doppelte Menge, da durch das Zusammensetzen nicht so viele Kekse entstehen und Dukatenplätzchen bei uns sehr beliebt und schnell aufgegessen sind.

Christine Lintner

„Hansi-Kekse"

300 g Mehl
100 g Maizena
1 Prise Salz
1 Prise Nelkenpulver
200 g Zucker
165 g geriebene Walnüsse
200 g Butter
1 EL Rum
1 Ei

rote oder schwarze Ribiselmarmelade (zum Bestreichen)
1 Pkg. Marzipan
1 Pkg. Schokoglasur
Walnüsse (zum Verzieren)

> Aus allen genannten Zutaten bis auf die Marmelade, das Marzipan, die Schokoglasur und die Walnüsse einen Mürbteig bereiten. Diesen idealerweise 1 Stunde kühlen.

> Anschließend runde Kekse ausstechen und bei 170 °C Ober-/Unterhitze ca. 8 bis 10 Minuten hell backen (am besten auf Sicht, jeder Ofen ist etwas anders).

> Während die Kekse auskühlen, das Marzipan dünn ausrollen und Scheiben in Keksgröße ausstechen. Die Kekse anschließend dünn mit Marmelade bestreichen. Nun die Marzipanscheiben auf die Marmelade geben. Mit Schokoglasur überziehen und mit Walnusshälften verzieren.

Tipp

Auf die Arbeitsfläche, auf der das Marzipan ausgerollt werden soll, dünn Staubzucker aufstreuen, damit das Marzipan nicht anklebt und sich leichter ausrollen lässt.

Dieses Rezept habe ich von meiner Schwiegermutter übernommen. „Hansi-Kekse" sind die Lieblingskekse meines Mannes, daher stammt auch der Name.

Monika Tscharnig

Walnussschaum

- **6** Eiklar
- **500 g** Staubzucker
- **1 Pkg.** Vanillezucker
- **150 g** Walnüsse, grob gehackt

> Das Eiklar in einer hitzefesten Porzellan- oder Glasschüssel über Dampf mit dem Mixer sehr steif aufschlagen. Staub- und Vanillezucker dabei langsam einrieseln lassen.

> Mindestens 10 Minuten über dem kochend heißen Wasserbad warm schlagen, danach im kalten Wasserbad nochmals etwas weitermixen.

> Walnüsse leicht unterheben und mit zwei Kaffeelöffeln kleine Busserln auf die Backfolie setzen. Anschließend bei 100 °C Heißluft im Backrohr eine Stunde trocknen lassen.

> Wenn sich der Nussschaum leicht von der Backfolie löst, ist er optimal getrocknet und dem Genuss steht nach dem Auskühlen nichts mehr im Wege.

Tipp

Die Kekse sind eine hervorragende Gelegenheit, übrig gebliebenes Eiklar zu verwerten.

Meine absoluten Lieblingskekse! Und da in meiner Heimatgemeinde Nußdorf die Walnussbäume bis auf 1300 m Seehöhe wachsen, verwende ich häufig die eigenen Walnüsse.

Gudrun Stöckl

Hanf-Schokoladencreme-Törtchen

TEIG

250 g Mehl
½ TL Backpulver
140 g Butter
70 g Haselnüsse
90 g Staubzucker
1 Pkg. Vanillezucker
1 Ei

CREME

200 g Butter
120 g Staubzucker
2 Rippen Kochschokolade
1 TL Rum

Schokoladenglasur
Hanfsamen, geschält (für den Rand)

> Für den Teig das mit Backpulver gemischte Mehl auf ein Brett sieben, mit der weichen Butter verbröseln und mit den Nüssen, dem Staubzucker, dem Vanillezucker und dem Ei rasch verkneten. Anschließend ½ Stunde kaltstellen.

> Nun aus dem dünn ausgewalkten Teig Scheiben (3 cm Durchmesser) ausstechen, auf ein Blech legen und im vorgeheizten Backrohr bei 180 °C Heißluft 8 bis 10 Minuten backen.

> Für die Creme die Butter schaumig rühren und Staubzucker, geschmolzene Schokolade und Rum nach und nach dazugeben.

> Um die Kekse zusammenzusetzen, wird ein Drittel der Scheiben mit Schokoladenglasur glasiert. Dann fügt man 2 unglasierte Scheiben und eine glasierte mit der Schokoladencreme zusammen, bestreicht den Rand mit Creme und bestreut diesen mit geschälten Hanfsamen.

Tipp **Da die Creme Rum enthält, sind die Kekse für Kinder und Schwangere nicht geeignet.**

Das ursprüngliche Rezept nahm ich von meiner Mutter aus der Steiermark mit nach Tirol. Da meine Tochter seit 2021 auch Nutzhanf anbaut (Sandlshofmanufaktur), kam ich auf die Idee, das Rezept mit ihren geschälten Hanfsamen zu verfeinern.

Margreth Heinz

Pfefferminzsterne

80 g	Minzblättchen
130 g	Butter
60 g	Staubzucker
1	Ei
250 g	Mehl
3 EL	Kakao
125 g	weiße Kuvertüre
	Pfefferminzöl

> Minzblättchen hacken und aus Butter, Staubzucker und Ei einen Abtrieb machen. Mehl und Kakao untermischen, die Masse in Frischhaltefolie wickeln und min. 2 Stunden in den Kühlschrank geben.

> Den Teig auf einem Nudelbrett ca. 4 mm dick ausrollen und Sterne ausstechen. Die Kekse auf ein mit Backpapier belegtes Blech legen und bei 180 °C Ober-/Unterhitze ca. 15 Minuten backen.

> Kuvertüre schmelzen, einige Tropfen Pfefferminzöl unterrühren und jeweils zwei Kekse damit zusammensetzen. Mit der restlichen Kuvertüre verzieren.

Tipp **Kühl lagern und nicht mit anderen Keksen in eine Dose geben!**

Pfefferminzsterne sind meine absoluten Lieblingskekse, die vor allem zu Weihnachten auf keinem Keksteller fehlen dürfen.

Bettina Aufhammer-Straif

Speitlbusserln

TROCKENFRÜCHTEMASSE

- **100 g** Korinthen
- **100 g** Rosinen
- **5 EL** Rum
- **150 g** Früchtemix, kandiert
- **200 g** Speitl (getrocknete Äpfel oder Birnen, Klotzen)
- **50 g** Nüsse, gehackt
- **1 Schuss** heißes Wasser

ABTRIEB

- **30 g** Butter
- **50 g** Zucker (wenn vorhanden: brauner Zucker)
- **1** Ei
- **90 g** Vollkornmehl (oder Auszugsmehl)
- **2 TL** Backpulver
- **1 TL** Zimt
- **1 Prise** Muskatnuss
- **1 Prise** Nelkenpulver

Backoblaten

- **150 g** Staubzucker

Saft einer Zitrone

> Für die Trockenfrüchtemasse alle Zutaten am Vorabend zusammenrühren und über Nacht stehen lassen.

> Am nächsten Tag Butter, Zucker und Ei schaumig rühren, danach Mehl, Backpulver und Gewürze vermischen und in den Abtrieb unterheben.

> Nun die Trockenfrüchtemasse dazurühren und kleine Portionen Teig auf die einzelnen Oblaten setzen. Im vorgeheizten Backrohr bei 180 °C 15 bis 20 Minuten backen. Auskühlen lassen.

> Für die Glasur Staubzucker in eine Schüssel geben, langsam die Zitrone dazugeben und ständig umrühren, bis eine dickflüssige Masse entsteht.

> Nun die Kekse mit der Glasur überziehen. Es kann gut sein, dass etwas Zitronensaft übrigbleibt.

Tipp **Nüsse am besten nicht zu klein hacken, damit man sie besser schmeckt. Statt Zitronenglasur kann auch Schokoglasur verwendet werden. Die Speitl im Sommer während der Apfelsaison trocknen. Wer keinen Dörrapparat hat, im Backrohr bei 80 °C einige Stunden (je nach Größe) trocknen lassen. Die Kekse schmecken auch im Sommer beim Wandern oder als Schuljause sehr gut.**

Diese Kekse sind richtige Energiebündel, je nach Zutaten ähnlich wie ein Müsliriegel.

Judith Horngacher

Mohnblumen

250 g	Mehl
50 g	Feinkristallzucker
140 g	Butter
1 Prise	Salz
1	Ei
1 Pkg.	Vanillezucker
50 g	Mohn, gemahlen
	Powidlmarmelade oder Zwetschkenmarmelade
	Staubzucker (zum Bestreuen)

> Mehl, Zucker, Butter, Salz, Ei, Vanillezucker sowie Mohn zu einem feinen, glatten Teig verkneten. Den Teig in Frischhaltefolie wickeln und ca. 1 Stunde in den Kühlschrank stellen.

> Danach nochmal durchkneten, auf einer leicht bemehlten Arbeitsfläche dünn (ca. 3 bis 4 mm) ausrollen und mit einem Blumenausstecher Kekse ausstechen.

> Diese auf ein mit Backpapier belegtes Backblech geben, jedes zweite Keks mit einem Loch in der Mitte versehen. Im vorgeheizten Backrohr bei 160 °C Heißluft ca. 6 bis 8 Minuten backen.

> Die Kekse auskühlen lassen. Die gelochten Kekse mit Staubzucker bestreuen, die Mohnblumen mit Marmelade zusammensetzen.

Tipp

Zum Ausstechen der Kekse kann man jede beliebige Form verwenden.

Wenn ich mir eine einzige Kekssorte für den Rest meines Lebens aussuchen müsste, wären es zweifellos Mohnblumen.

Ingrid Schallhart

Orangenlaibchen

140 g Butter, warm
125 g Staubzucker
1 Pkg. Vanillezucker
1 Bio-Orange, Schale
2 Eidotter
1 Ei
150 g Mehl, glatt

Orangen- oder Marillenmarmelade
Schokolade (zum Eintauchen)

> Warme Butter, Zucker, Vanillezucker und geriebene Orangenschale schaumig rühren. Eidotter und Ei einrühren, Mehl unterheben.
> Den Teig in Form kleiner Busserln mithilfe eines Spritzsacks oder eines kleinen Löffels auf ein mit Backpapier ausgelegtes Backblech geben (der Teig rinnt etwas auseinander).
> Im vorgeheizten Backofen bei 180 °C Heißluft ca. 10 Minuten backen.
> Die Hälfte der Orangenlaibchen mit Marmelade bestreichen und mit den restlichen Keksen zusammensetzen. Zur Hälfte in die erwärmte flüssige Schokolade tunken.

Tipp

Die ofenfrischen Kekse unbedingt vor den Familienmitgliedern in Sicherheit bringen, sonst bleibt nichts mehr zum Zusammenkleben übrig!

Warum nicht mal erfrischende Weihnachtskekse backen? Mit den Orangenlaibchen zauberst du eine zusätzliche Sorte Weihnachtskekse auf deinen Keksteller, die jedem in Erinnerung bleiben wird!

Michaela Bachlechner

Schwarzwälder Kirschplätzchen

TEIG

190 g Butter
100 g Staubzucker
1 Pkg. Bourbon-Vanillezucker
250 g Mehl
25 g Kakao, ungesüßt, dunkel
25 g Mandeln, gemahlen
2 EL Kirschwasser

FÜLLUNG

50 g Kuvertüre, weiß
1 Msp. Kokosöl
Kirschmarmelade (am besten ohne Stücke)
2 EL Kirschwasser
25 g Zartbitterkuvertüre
Raspelschokolade

> Butter mit Staubzucker und Vanillezucker cremig schlagen. Dann das mit dem Kakao und den Mandeln vermischte Mehl unterkneten. Nun das Kirschwasser hinzufügen. Wenn der Teig zu weich ist, einfach etwas in den Kühlschrank geben.

> Den Arbeitsplatz mit Mehl bestäuben. Nun den Keksteig dünn ausrollen (ca. 2 bis 3 mm) und einen runden oder wellenförmigen Linzer-Ausstecher verwenden. Den Teig wirklich nur dünn ausrollen, da die Kekse sonst zu hoch werden.

> Beim Ausstechen daran denken, dass die Plätzchen am Ende aus 3 Lagen bestehen, man also 2 Teile ohne und eines mit Loch benötigt.

> Die Kekse mit Abstand zueinander auf drei Backbleche verteilen und bei Heißluft für 10 Minuten bei 160 °C backen. Anschließend auskühlen lassen.

> Die weiße Kuvertüre im Wasserbad schmelzen und eine Msp. Kokosöl zugeben. Jeweils einen TL der weißen Kuvertüre auf ein Keks ohne Loch setzen. Dann ein zweites Keks ohne Loch draufsetzen.

> Auf die so zusammengesetzten Kekse kommt jetzt die mit Kirschwasser vemischte Marmelade. Darauf dann das Plätzchen mit Loch setzen.

> Nun die dunkle Kuvertüre im Wasserbad schmelzen und diese dann mit einem Teelöffel über die Kekse verteilen (schwenken), sodass dünne Schokomuster entstehen. Mit den Schokoraspeln bestreuen.

Diese Kekse sind ein wahrer Hingucker auf Ihrem Keksteller. Die Füllung kostet zwar ein bisschen Mühe, doch die Arbeit lohnt sich!

Tipp

Für alle, die zur Weihnachtszeit für sich selbst oder ihre Gäste etwas Besonderes kreieren wollen.

Loisi Brandstätter

Baumkuchenspitzen

- 6 Eier (Dotter vom Eiweiß trennen)
- 100 g Zucker fürs Eiweiß
- 150 g geschmolzene Butter
- 100 g Marzipan, klein geschnitten
- 100 g Zucker
- 1 Pkg. Vanillezucker
- 150 g Mehl
- 1 TL Backpulver
- 75 g Maizena
- Abrieb und Saft von 1 Orange

- Marillenmarmelade
- evtl. Orangenlikör (zum Bestreichen)
- Schokoglasur (zum Überziehen)

> Das Eiweiß mit dem Zucker aufschlagen und zur Seite stellen. Butter, Marzipan, Dotter, Zucker, Vanillezucker mixen, bis alles schön glatt ist, danach die übrigen Zutaten dazugeben. Anschließend die Zucker-Eiweiß-Mischung unterheben.

> Nun einen Teil der Masse dünn auf ein Backblech streichen und mit der Grillfunktion bei 250 °C auf Sicht backen. Diesen Vorgang für ca. 5 bis 6 Schichten wiederholen.

> Die oberste Schicht nach dem Backen mit heißer Marillenmarmelade – nach Geschmack mit Orangenlikör abgeschmeckt – bestreichen, dann mit Schokoglasur überziehen und in kleine Dreiecke schneiden.

Tipp

Die Mischung aus luftigem Baumkuchenteig und knackiger Schokolade ist jedes Jahr zur Weihnachtszeit einfach ein Hochgenuss!

Diese Baumkuchenspitzen sind etwas Besonderes, etwas aufwändig, aber die Mühe wert. Sie sind meine absoluten Lieblingskekse!

Bettina Aufhammer-Straif

Nero-Kekse

250 g	Butter, weich
130 g	Staubzucker
3	Dotter
200 g	Mehl
50 g	Kakao
1 Glas	Marillenmarmelade
	Schokoglasur

> Butter und Zucker schaumig rühren. Die Dotter nach und nach dazumixen. Mehl und Kakao vermischen und unterheben.

> Mit einem Spritzsack kleine Busserln auf ein Blech dressieren und bei 160 °C Heißluft 10 Minuten lang backen.

> Zum Schluss jeweils zwei Kekse mit Marillenmarmelade zusammenkleben und in Schokoglasur tunken. Auskühlen lassen und genießen.

Tipp Das Eiklar der 3 Eier kann als Eischnee für Kokosbusserln verwendet werden. Die Schokoglasur lässt sich auch einfach selbst herstellen. Dafür 40 g Kakaopulver, 220 g Staubzucker und 3 Stamperln Wasser glattrühren. 60 g Butterschmalz schmelzen und mit der Kakaomasse vermengen. Fertig!

Schokoladenbusserln sind immer ein Genuss und schmecken der ganzen Familie. Sollte sich Besuch ankündigen, nehmen sie nicht viel Zeit in Anspruch.

Sandra Ehrenstrasser

Schoko-Rum-Kugeln

200 g	Kochschokolade
100 g	Butter
2 KL	Kakao
100 g	Staubzucker
2 Pkg.	Vanillezucker
2 KL	Rum (nach Belieben)
2	Dotter
	Schokoladen- oder Kokosstreusel (zum Wälzen)

> Die Kochschokolade wird leicht erwärmt und geschmolzen. Nun diese mit der Butter, dem Kakao, Staubzucker, Vanillezucker, Rum und Dotter vermengen und glattrühren.

> Kurze Zeit im Kühlschrank kaltstellen. In der Zwischenzeit Schalen mit Schokolade- oder Kokosstreuseln bereitstellen.

> Mit einem kleinen Löffel ein wenig aus der Masse ausstechen und mit den Händen zur Kugel formen. Anschließend in Streuseln wälzen.

Tipp

Besonders hübsch sehen die Kugeln aus, wenn sie wie Pralinen in Papierförmchen serviert werden.

Diese weihnachtlichen Köstlichkeiten können nach Belieben mit oder auch ohne Alkohol zubereitet werden. Für dieses Rezept ist kein Backofen, sondern nur ein Kühlschrank erforderlich.

Margreth Osl

Schneeblumen

300 g Mehl, glatt (Type 480)
200 g Butter
100 g Staubzucker
½ TL Vanillezucker
1 Ei

3 Eiklar (120 g)
300 g Staubzucker
etwas Marillenmarmelade

> Mehl mit Butter abbröseln. Staubzucker, Vanillezucker und Ei rasch einarbeiten und zu einem feinen Teig verarbeiten. Den Mürbteig in Frischhaltefolie wickeln und ½ Stunde im Kühlschrank rasten lassen.

> Nun den Teig auf einer bemehlten Arbeitsfläche dünn (ca. 4 mm) auswalken, mit einem Blumenausstecher kleine Blumen (Durchmesser ca. 3 cm) ausstechen und im vorgeheizten Backrohr bei 180 °C Heißluft hell backen, auskühlen lassen.

> Für die Eischneemasse Eiklar und Zucker über Dampf aufschlagen, in einen Spritzsack mit glatter Tülle füllen und kleine Kugeln im Kreis auf die Kekse aufspritzen. Bei 130 °C Heißluft weitere 30 Minuten im Backofen trocknen lassen.

> Marillenmarmelade glattrühren, in einen kleinen Spritzsack geben und mit einer kleinen Tülle in die Mitte einen Tupfer Marmelade dressieren.

Tipp

Marillenmarmelade evtl. mit etwas Rum verfeinern!

Dieses Rezept mache ich sehr gerne. Die Kekse sind mit ganz wenig Aufwand zu backen. Außerdem zergehen die kleinen Köstlichkeiten wortwörtlich auf der Zunge.

Bettina Aufhammer-Straif

Orangenbusserln

TEIG

250 g Butter, weich
350 g Staubzucker
4 Eier
2 Orangen, unbehandelt, Saft und Schale
1 Schuss Cointreau (Orangenlikör)
600 g Mehl

FÜLLE UND GLASUR

500 g Orangenmarmelade (Ringlomarmelade)
300 g Schokoladenglasur

> Butter mit Staubzucker schaumig rühren, danach die Eier einzeln dazumixen. Orangensaft und -schale sowie einen Schuss Cointreau hinzugeben. Anschließend das Mehl unterheben.

> Mit einem Spritzsack kleine Häufchen Teig aufs Blech geben und bei 160 °C Heißluft 10 Minuten backen.

> Nach dem Erkalten jeweils zwei Busserln mit Orangenmarmelade zusammensetzen und in Schokoglasur tunken.

Tipp

Die Orangenmarmelade selbst zu machen, ist ebenfalls sehr leicht. 1 kg Orangen mit 500 g Gelierzucker 2:1 einkochen. Beim Filetieren darauf achten, dass möglichst wenig von dem Weißen der Orange dabei ist, denn das macht die Marmelade bitter. Wenn die Orangen ungespritzt sind, kann man auch Zesten von der Schale mit in die Marmelade geben.

Fruchtige Kekse, die perfekt zur Weihnachtszeit passen, aber durchaus auch mal unterm Jahr gebacken werden können.

Maria-Elisa Pernlochner

Rubine

MÜRBTEIG

500 g	Dinkelmehl
200 g	Staubzucker
1 Pkg.	Vanillezucker
1 Pkg.	Zitronenschale, gerieben
1 Prise	Salz
2	Eier (Gr. M)
200 g	Butter, weich

FÜLLUNG

100 ml	Milch
60 g	Zucker
1 Pkg.	Zitronenschale, gerieben
1 Pkg.	Vanillezucker
½ EL	Zimt
2 EL	Rum
200 g	Mandeln, gerieben

DEKO

etwas	heiße Erdbeermarmelade
etwas	geriebene Mandeln

> Für den Mürbteig alle Zutaten der Reihe nach in eine Rührschüssel geben und mit dem Knethaken oder mit den Händen verkneten. Den Teig abdecken und im Kühlschrank 1 Stunde kaltstellen.

> Nun den Teig nochmal mit den Händen kurz durchkneten und auf einer bemehlten Fläche 2 bis 3 mm dick ausrollen.

> Mit einem runden Ausstecher (3 cm Durchmesser) Kekse ausstechen. Die Teiglinge auf ein Backblech geben und im vorgeheizten Backrohr (Umluft 160 °C bzw. Ober-/Unterhitze 180 °C) für ca. 8 bis 10 Minuten goldgelb backen.

> Für die Füllung Milch mit Zucker, Zitronenschale, Vanillezucker und Zimt zum Kochen bringen. Von der Herdplatte nehmen und den Rum mit den Nüssen einrühren.

> Nun die inzwischen ausgekühlten Kekse mit der Füllung zusammensetzen und leicht andrücken.

> Die Marmelade und die geriebenen Mandeln jeweils auf einen Teller geben. Zuerst die Kekse mit dem Rand durch die Marmelade rollen und danach sofort durch die Nüsse wälzen.

> Zum Schluss die warme Marmelade in eine Spritztüte füllen und Tupfen auf die Keksoberseite geben.

Tipp

Man kann auch jede andere Marmelade und statt Rum auch Zitronensaft oder Wasser verwenden.

Ich habe das Rezept vor ein paar Jahren zufällig gefunden und die Kekse schmecken mir und meiner Familie ausgezeichnet.

Andrea Planer

Lebkuchenbissen

6 EL	Milch
500 g	Honig
2 TL	Natron
1 kg	Roggenmehl
500 g	Staubzucker
2 TL	Zimt
2 TL	Lebkuchengewürz
200 g	Nüsse, gerieben
2	Eier (M)
	Saft von 2 Orangen
1	Ei (M) zum Bestreichen

> Milch und Honig in einem großen Topf aufkochen. Natron dazugeben und abkühlen lassen.

> Roggenmehl, Staubzucker, Zimt, Lebkuchengewürz und geriebene Nüsse vermischen. Nun alle Zutaten inklusive Eier und Orangensaft gut zusammenkneten.

> Den Teig 30 Minuten rasten lassen und das Backrohr auf 180 °C Heißluft vorheizen.

> Auf einem bemehlten Nudelbrett den Teig zu Strängen mit 2 cm Durchmesser rollen. Diese auf 1 cm flachdrücken und mit verquirltem Ei bestreichen.

> Teigstücke zu 3 cm abschneiden, mit genügend Abstand auf ein mit Backpapier belegtes Backblech legen und 15 Minuten backen.

Tipp Einfacher ist es, den ganzen Teigstrang mit verquirltem Ei zu bestreichen, bei jedem einzelnen Lebkuchen wird das deutlich schwieriger. Nach dem Backen die Lebkuchen mit einem halben Apfel in luftdichter, verschließbarer Dose aufbewahren, sie werden dadurch mürber und weicher.

Dieses Lebkuchenrezept ist sehr einfach in der Zubereitung. In kurzer Zeit sind eine Menge Kekse gebacken. Ideal, um die ersten Keksgelüste zu stillen.

Brigitte Baumann

Mostkekse

400 g Mehl
400 g Butter
7 EL Most

Ribiselmarmelade (zum Füllen)
Eiklar (zum Bestreichen)
Staub- und Vanillezucker (zum Wälzen)

> Mehl mit Butter zerbröseln. Den Most dazugeben und alles zu einem Teig verkneten. Anschließend kaltstellen.
> Nun kleinere Kreise ausstechen und auf diese Ribiselmarmelade geben. Dann die Kreise zu Tascherln formen und zudrücken.
> Die Kekse nun mit Eiklar bestreichen und im Rohr bei 180 °C Ober-/Unterhitze 10 bis 15 Minuten backen.
> Zum Schluss noch heiß in Staub- und Vanillezucker wälzen.

Tipp

Je fruchtiger die Marmeladenfüllung, desto besser schmecken die Kekse.

Das ist mein Lieblingsrezept, weil diese Mostkekse einfach jeder liebt. Sie sind einfach zu backen, und das nicht nur zu Weihnachten!

Brigitta Kraler

Haselnuss-Halbmonde

TEIG

- **280 g** Mehl, glatt
- **1 Prise** Backpulver
- **1 Prise** Salz
- **120 g** Staubzucker
- **1 Pkg.** Vanillezucker
- **1** Ei
- **1** Dotter vom Ei
- **220 g** Butter (oder Margarine), kalt und in Stücke geschnitten

- **1** Eiklar (zum Bestreichen)

CREME

- **125 ml** Schlagobers
- **150 g** Milchschokolade
- **½ Fl.** Rum-Aroma

- **60 g** Haselnüsse, geröstet, grob gehackt
- **1** Becher Kakao-Tortenglasur

> Mehl und Backpulver mischen und auf ein Backbrett sieben. In die Mitte eine Vertiefung eindrücken.

> Die übrigen Zutaten bis auf das Eiklar der Reihe nach hineingeben, mit Mehl bedecken und von der Mitte aus alles rasch zu einem glatten Teig verkneten. 1 Stunde an einem kühlen Ort rasten lassen.

> Den Teig messerrückendick ausrollen. Halbmonde ausstechen und diese auf ein mit Backpapier belegtes Backblech legen.

> Die Kekse mit Eiklar dünn bestreichen und in der Mitte des vorgeheizten Rohres bei 180 °C Ober-/Unterhitze ca. 12 Minuten backen.

> Für die Creme das Schlagobers und die in Stücke gebrochene Schokolade in eine kleine Kasserolle geben und unter ständigem Rühren so lange kochen lassen, bis die Schokolade glatt verkocht ist. Dann alles in eine Rührschüssel gießen, das Aroma unterrühren und die Creme kaltstellen.

> Nach dem völligen Erkalten die Creme mit einem Rührgerät schaumig aufschlagen und die Kekse dick mit Creme bestreichen.

> Nun die Kekse mit Haselnüssen bestreuen und ½ Std. in den Kühlschrank stellen.

> Zum Abschluss die Tortenglasur nach Vorschrift auf dem Becher erhitzen und die Halbmonde damit glasieren.

Dieses etwas aufwendigere Keksrezept ist perfekt für Schokoladeliebhaber geeignet.

Tipp

Wer liebt nicht Schokolade pur unterm Weihnachtsbaum?

Sandra Ehrenstrasser

Husarenkrapferln

300 g	Mehl
200 g	Butter
1 Pkg.	Vanillezucker
100 g	Staubzucker
1 Prise	Salz
80 g	Nüsse
2	Dotter
	Ribiselmarmelade (zum Füllen)
	Staubzucker (zum Bestreuen)

> Das Mehl auf die Arbeitsfläche sieben, die Butter mit einem Messer in Stücke schneiden und mit dem Mehl abbröseln.

> Anschließend alle Zutaten zu einem glatten Teig verkneten und ca. 2 Stunden im Kühlschrank rasten lassen.

> Danach ein Stück vom Teig nehmen, daraus kleine Kugeln formen und diese auf ein mit Backpapier belegtes Backblech legen. Mit dem Stiel eines Kochlöffels eine Mulde in die Kugeln drücken.

> Die Kekse bei 180 °C Ober-/Unterhitze ca. 15 Minuten backen und danach auskühlen lassen.

> Zum Abschluss die Mulden mit Ribiselmarmelade füllen und die Kekse mit Staubzucker bestreuen.

Tipp

Den Stiel des Kochlöffels immer wieder in Zucker eintunken, damit der Teig beim Drücken der Mulde nicht kleben bleibt.

Einfache, köstliche und traditionelle Weihnachtskekse wie bei Oma, die auf keinem Keksteller fehlen dürfen.

Andrea Gang

Nougat-Marzipan-Kugeln

250 g Nougat
150 g Staubzucker
400 g Marzipan
2–3 TL Rosenwasser
250 g Zartbitterkuvertüre

Pistazien, gehackt (zum Bestreuen)

> Den Nougatblock entweder 1 Stunde in den Kühlschrank oder 15 Minuten ins Gefrierfach legen. Inzwischen den Staubzucker durch ein Sieb streichen.

> Das Marzipan in kleine Würfel schneiden und mit dem Staubzucker vermengen, nach und nach Rosenwasser dazugeben, bis ein formbarer, aber nicht zu feuchter Teig entsteht.

> Diesen auf einer mit Staubzucker bestreuten Arbeitsfläche 4 mm dick zu einer Platte von etwa 50 x 25 cm ausrollen. Dann die Platte in 50 Quadrate mit 5 cm Seitenlänge schneiden.

> Den Nougatblock in 50 gleich große Würfel schneiden und diese zu Kugeln formen, die dann auf die Marzipanquadrate legen und mit dem Marzipan ummanteln. Dabei darauf achten, dass sich die Nougatkugeln nicht verformen. Die auf diese Weise hergestellten Pralinen 4 Stunden in den Kühlschrank legen.

> Die Kuvertüre über einem Wasserbad schmelzen und leicht abkühlen lassen. Die Pralinen mit einer Pralinengabel in die Kuvertüre tauchen, abtropfen lassen, mit gehackten Pistazien bestreuen und auf Pergamentpapier fest werden lassen.

> Später in Konfektkapseln setzen und kühl aufbewahren.

Tipp

Die selbstgemachten Pralinen sind auch außerhalb der Weihnachtszeit eine schöne Geschenkidee!

Monika Rantner

Helenenschnitten

300 g Mehl, glatt
200 g Butter
120 g Zucker
140 g Schokolade, grob gehackt
140 g Haselnüsse, gemahlen
2 Eier (M)
Staubzucker und etwas Wasser für die Glasur

> Zuerst das Backrohr auf 175 °C Ober-/Unterhitze vorheizen und ein Blech mit Backpapier auslegen.
> Mehl, Butter, Zucker, grob gehackte Schokolade, gemahlene Haselnüsse und Eier zu einem Knetteig verarbeiten.
> Diesen auf dem mit Backpapier ausgelegten Blech ausrollen und im vorgeheizten Backrohr ca. 15 bis 20 Minuten backen.
> Sofort nach dem Backen alles mit angerührter Staubzuckerglasur bestreichen. Nach dem Auskühlen in kleine Rauten schneiden.

Tipp

Bei der Zuckermenge kann gespart werden, da durch die Schokolade, die Nüsse und die Glasur die Kekse sowieso süß sind.

Die Helenenschnitten mit Nüssen, Schokoladenstückchen und Staubzuckerglasur sind eine richtige Kalorienbombe für die Winterzeit. Sie wecken Erinnerungen an meine Kindheit und dürfen in der Weihnachtszeit nicht fehlen.

Doris Brugger

Kakaoherzen

300 g	Mehl, glatt
90 g	Backkakao
260 g	Butter
150 g	Zucker
1	Dotter
1 Prise	Salz
200 g	Marzipan
	Marmelade

> Alle Zutaten bis auf das Marzipan und die Marmelade zu einem Teig verkneten und in Frischhaltefolie verpackt im Kühlschrank 1 Stunde rasten lassen.

> Den Teig auf einer bemehlten Fläche 2 bis 3 mm dick ausrollen, Herzen oder eine beliebige andere Form ausstechen. Anschließend bei 160 °C Heißluft ca. 7 Minuten backen.

> Marzipan zwischen 2 Frischhaltefolien dünn ausrollen und mit derselben Form (Herz o. a.) ausstechen.

> Alle Kekse mit Marmelade bestreichen, dann die Hälfte davon mit Marzipan belegen und mit der anderen Hälfte zusammensetzen.

Tipp **Falls das Marzipan beim Ausrollen zu sehr klebt, hilft ein wenig Staubzucker. Kirsch- oder Zwetschgenmarmelade eignet sich vom Geschmack her am besten. Wer will, kann die Kekse auch mit weißer Kuvertüre verzieren.**

Die Kekse speziell für Marzipanliebhaber. Der Teig lässt sich einfach verarbeiten, nur das Ausstechen des Marzipans erfordert ein wenig mehr Geduld.

Johanna Feichtner

Nusskringel

2	Eier (Gr. M)
200 g	Mehl
160 g	Butter
100 g	Staubzucker
1 Pkg.	Vanillezucker
1 Prise	Salz
40 g	Nüsse, gemahlen
½ TL	Zimt
1 TL	Kakaopulver
50 g	Nüsse, gehackt
1 Schuss	Rum
	Eiklar (zum Bestreichen)

> Zuerst die Eier trennen. Dann Mehl, Butter, Staubzucker, Vanillezucker, Salz und 1 Eigelb zu einem Teig verarbeiten.

> Den Teig nun in drei Teile teilen. Zwei Teile werden wieder zusammengeknetet und sofort kaltgestellt. Den dritten Teil mit den gemahlenen Nüssen, dem Zimt, Kakao, einem Schuss Rum und dem zweiten Eigelb vermengen. Danach wird auch dieser dunkle Teig kaltgestellt (für min. 30 Minuten).

> In der Zwischenzeit die gehackten Nüsse leicht in einer Pfanne ohne Fett rösten. Dabei ist Vorsicht geboten – die Nüsse können schnell verbrennen!

> Anschließend den hellen Teig auf 4 mm Dicke ausrollen. Der dunkle Teig wird ebenso ausgerollt.

> Den hellen Teig mit dem Eiklar bestreichen und den dunklen Teig vorsichtig auf den hellen Teig drücken. Dieses Rechteck wird nun der Länge nach halbiert.

> Für größere Kringel den Teig der Länge nach zusammenrollen und für eher kleinere der Breite nach.

> Die fertige Teigrolle abermals mit Eiklar bestreichen und in den vorher gerösteten Nüssen rollen, bis alles mit Nüssen bedeckt ist. Die Rolle in eine Folie wickeln und min. 30 Minuten kaltstellen.

> Abschließend Scheiben mit einer Breite von einem halben Zentimeter herunterschneiden und bei 190 °C Ober-/Unterhitze auf Sicht backen!

Meine Mama und ich wollten nach jahrelangem Keksebacken mit ähnlichen Sorten endlich einmal etwas Neues ausprobieren. Zwar gibt es schon Rezepte, die dem hier vorgestellten ähneln, aber keines mit unserer ganz besonderen Note.

Tipp

Man kann die doppelte Menge Kekse herstellen, dann muss der Teig vor dem Ausrollen halbiert werden, sonst entstehen später zu große Kekse.

Anna Rantner

Orangenstangerln

180 g	Butter
130 g	Staubzucker
4	Eidotter (Gr. M)
1 Pkg.	Vanillezucker
1 Prise	Salz
160 g	Mehl, glatt
40 g	Kakaopulver
150 g	Orangenmarmelade
3 TL	Cointreau
1 Pkg.	Schokoladenglasur

> Zur Vorbereitung das Backrohr auf 180 °C Ober-/Unterhitze vorheizen und Bleche mit Backpapier auslegen.

> Butter schaumig rühren. Staubzucker, Eidotter, Vanillezucker und Salz hinzugeben und weiterrühren. Mehl mit Kakaopulver mischen und unter die Masse heben.

> Die Masse in einen Spritzbeutel füllen und mit einer glatten Tülle jeweils ca. 3 bis 4 cm lange Stangerln auf das Backblech aufspritzen. Die Kekse ca. 20 Minuten im vorgeheizten Backrohr backen.

> Die Orangenmarmelade zusammen mit dem Cointreau in einem Topf erwärmen, sodass die Marmelade dünnflüssig wird.

> Jeweils zwei der erkalteten Stangerln mit der Orangenmarmelade-Mischung zusammenkleben.

> Schokoglasur im Wasserbad oder in der Mikrowelle erwärmen und die Enden eintauchen. Zum Festwerden auf einen Kuchenrost legen.

Tipp **Genug Abstand zwischen den einzelnen Keksen lassen, weil sie etwas auslaufen. Anstatt Cointreau kann man auch Orangensaft verwenden, dann sind die Kekse alkoholfrei.**

Aus Langeweile wurden diese Orangenstangerln in der letzten Weihnachtszeit ausprobiert. Sie waren so gut, dass gleich eine zweite Partie nachgebacken wurde.

Katrin Nachtschatten

Saftige Lebkuchen

300 g Marzipan
450 g Zucker
8 Eiweiß
140 g Weizenmehl
100 g Haselnüsse, gemahlen
120 g Mandeln, gemahlen
65 g Orangeat, fein gerieben
35 g Zitronat, fein gerieben
30 g Lebkuchengewürz
20 Oblaten, 9 cm Durchmesser

Kuvertüre (zum Garnieren)

> Das Marzipan in kleine Würfel schneiden und mit Zucker und Eiweiß erwärmen, bis sich der Zucker aufgelöst hat. Die Masse anschließend glattrühren (Küchenmaschine).

> Nun die restlichen Zutaten zugeben und gut durchrühren. Die Masse dann in einen Spritzbeutel mit Lochtülle füllen und auf die Oblaten verteilen.

> Die aufgespritzten Lebkuchen 1 Stunde trocknen lassen und dann 15 bis 20 Min. bei 190 °C Ober-/Unterhitze backen. Darauf achten, dass sie einen weichen Kern behalten.

> Die ausgekühlten Lebkuchen mit der Oberseite in die Kuvertüre tauchen und nach Belieben verzieren.

Tipp **Man kann auch 30 g Mehl durch 40 g dunklen Backkakao ersetzen.**

Bereits als Kinder haben wir immer Lebkuchen gebacken, aber sie waren mir nie saftig genug. Dann machte ich mich selbst auf die Suche nach dem perfekten Rezept. Es hat sich auf jeden Fall gelohnt!

Sandls Hanfkeksel

100 g	Butter, zimmerwarm
80 g	Zucker
1	Ei
180 g	Dinkel- oder Weizenmehl, hell
20 g	Hanfmehl
1 TL	Backpulver
5 EL	Milch
3 EL	Hanfsamen, geschält
1 Prise	Salz
30 g	Schokodrops, zartbitter

VEGANE VARIANTE

Verwende statt Butter ***Margarine*** oder ***pflanzliche Butter***, statt des Eis ***3 EL Apfelmus***. Die Milch wird durch ***5 EL Pflanzendrink*** (Hafer, Soja oder Mandel) ersetzt.

> Butter (bzw. Margarine) mit dem Zucker in der Küchenmaschine verrühren. Das Ei (bzw. das Apfelmus) dazugeben und kurz weiterrühren.

> Alle restlichen Zutaten (bis auf die Schokodrops) dazugeben und so lange verrühren, bis eine schöne klebrige Masse entsteht.

> Zum Schluss noch die Schokostückchen auf niedriger Stufe untermengen. Den Backofen auf 180 °C Ober-/Unterhitze vorheizen.

> Mit nassen Händen aus der Masse Kugeln formen und auf ein mit Backpapier belegtes oder eingefettetes Blech geben (dabei etwas Abstand lassen). Die Kugeln flachdrücken (ca. 2 cm dick) und anschließend für 15 bis 20 Minuten im Ofen backen. Wenn die Kekse eine schöne Farbe haben, aus dem Ofen nehmen, abkühlen lassen und genießen.

Tipp

Für Kinder und Schwangere nicht geeignet.

Der Anlass für dieses Rezept war, dass ich begonnen habe, auf unserem Hof „Sandlshofmanufaktur" Nutzhanf anzubauen und diesen zu Lebensmitteln zu veredeln. Da ich selbst gerne koche, aber mit dem Mischverhältnis der einzelnen Zutaten Probleme hatte, trat ich an Stefanie Pyka von „natur-purpur" heran, um dieses Rezept mit mir zu entwickeln.

Magdalena Kraler

Orangen-Marzipan-Sterne

TEIG

130 g Mehl, glatt
100 g Butter, kalt
50 g Staubzucker, gesiebt
25 g Orangenschalen, kandiert, getrocknet, fein gemahlen (aus dem Reformhaus)
1 Eidotter
75 g Mandeln, geschält und gemahlen
1 Pkg. Vanillezucker
1 TL abgeriebene Schale von einer Bio-Orange
1 Prise Salz

FÜLLE

80 g Rohmarzipan
60 g Orangenmarmelade

200 g Vollmilch-Schokoladenglasur
Aranzini, klein gewürfelt (zur Verzierung)

> Alle Teigzutaten rasch verkneten, den Teig in Frischhaltefolie wickeln und ca. 2 Stunden im Kühlschrank rasten lassen, danach auf einem Nudelbrett ca. 2 mm dick ausrollen.

> Kleine Sterne ausstechen und diese auf mit Backpapier ausgelegte Backbleche setzen. Anschließend in dem auf 160 °C Ober-/Unterhitze vorgeheizten Backofen ca. 8 Minuten backen.

> Für die Fülle das Marzipan mit der Marmelade mit dem Stabmixer mixen. Mit dieser Masse jeweils zwei Sternkekse zusammensetzen.

> Etwa 2 bis 3 Stunden anziehen lassen, erst danach die Sterne halbseitig in die geschmolzene Schokolade tunken und je mit einem kleinen Aranzini-Stückchen verzieren.

Dieses Rezept eignet sich optimal für Marzipanliebhaber. Die Zubereitung ist einfach und beim Ausstechen können auch die kleinen Weihnachtsbäcker gut mithelfen. Diese Kekse erweitern die Vielfalt am Keksteller.

Monika Tscharnig

Nussecken mit Honigkaramell

MÜRBTEIG

300 g Mehl
60 g Staubzucker
150 g Butterwürfel, eiskalt
1 Prise Salz
1 Ei
abgeriebene Schale von ½ Bio-Zitrone

BELAG

90 g Butter
4 EL Rahm
50 g Bienenhonig
150 g Feinkristallzucker
Saft von ½ Zitrone
150 g Walnüsse, gehackt
100 g Kürbiskerne und Sonnenblumenkerne
Marillenmarmelade

> Mehl, Zucker, Butter, Salz, Ei und Zitronenschale rasch zu einem glatten Mürbteig verkneten. Eine Stunde kühlen lassen. Das Backrohr auf 180 °C Ober-/Unterhitze vorheizen.

> Mürbteig auf einer leicht bemehlten Arbeitsfläche zu einem 1 cm dicken Rechteck ausrollen, auf das Backpapier legen und am Backblech weiter ausrollen.

> Den Teig mit einer Gabel mehrmals einstechen und im Backofen auf unterster Schiene ca. 12 Minuten hell backen.

> Für den Belag Butter, Rahm, Honig, Zucker und Zitronensaft in einem Topf langsam erhitzen und 2 Minuten köcheln lassen. Walnüsse, Kürbis-/Sonnenblumenkerne hinzufügen und alles kurz aufkochen lassen.

> Die Marmelade erwärmen und auf den vorgebackenen Mürbteig streichen. Anschließend darauf den Belag gleichmäßig verteilen.

> Im Ofen auf der mittleren Schiene weitere 12 Minuten backen und auskühlen lassen. Um die Nussecken herzustellen, Dreiecke ausschneiden und kühl aufbewahren.

Tipp **Diese Kekse sind etwa 4 Wochen haltbar.**

Für mich das beste Nussecken-Rezept. Ich verwende dafür unsere Walnüsse und Bienenhonig aus eigener Erzeugung.

Melissa Mayrhofer

Burgenländerkipferln mit Schafmilch

TEIG

250 g	Butter
130 ml	Schafmilch
1	Dotter
1 Prise	Salz
410 g	Mehl
2 EL	Staubzucker
1 Pkg.	Germ, trocken
	Staubzucker zum Bestreuen

FÜLLUNG

3	Eiklar
200 g	geriebene Haselnüsse
150 g	Staubzucker

> Zuerst die Butter am Herd bei geringer Hitze zerlaufen lassen. Anschließend diese mit Milch, Dotter, Salz, Mehl, Zucker und Germ zu einem Teig verarbeiten.

> Den Teig 1 Stunde im Kühlschrank rasten lassen.

> Für die Füllung Eiklar mit Staubzucker zu einem steifen Schnee schlagen und die geriebenen Haselnüsse vorsichtig untermengen.

> Den Teig nochmal durchkneten, in 4 Stücke teilen und jedes Teigstück 3 mm dick ausrollen.

> Die Teigflächen mit der Schneemasse bestreichen.

> Die bestrichenen Teigplatten einrollen und leicht flachdrücken. Mit einem runden Ausstecher aus den Teigrollen Halbmonde ausstechen und auf ein mit Backpapier belegtes Backblech setzen.

> Bei 180 °C Heißluft 10 bis 15 Minuten goldbraun backen.

> Nach dem Erkalten die Kipferln mit Staubzucker bestreuen.

Tipp

Nicht zu große Halbmonde ausstechen, da der Teig im Ofen richtig schön aufgeht.

Meine Burgenländerkipferln sind kinderleicht zu backen und die Schafmilch verleiht ihnen einen besonders feinen Geschmack!

Alexandra Kammerlander

Schüttellebkuchen

350 g Mehl (Weißmehl, Vollkornmehl oder eine Mischung)
180 g Zucker
100 g Nüsse (je nach Verfügbarkeit, können auch weggelassen werden)
3 TL Lebkuchengewürz (optional Nelken- und Zimtpulver mischen)
1 EL Vanillezucker
1 Pkg. Weinsteinbackpulver
¼ l Milch
3 EL Honig
4 Eier
Zitronen- oder Schokoglasur (optional)

> Alle trockenen Zutaten in eine große Schüssel geben, Deckel drauf und vermischen!
> Flüssige Zutaten beimengen und gut verrühren! Die Masse auf ein Blech streichen und bei 180 °C Heißluft ca. 30 Minuten backen (Stäbchenprobe).
> Anschließend wahlweise mit Zitronenglasur oder Schokoglasur überziehen bzw. einfach mit Staubzucker bestreuen.
> Nach dem Abkühlen in mundgerechte Stücke schneiden und genießen.

Tipp

Mit Kindern: Jede:r Teilnehmer:in wird miteinbezogen und darf eine Zutat hinzufügen bzw. rühren!

Diese schnellen Lebkuchen sind perfekt, wenn einmal wenig Zeit vorhanden ist. Sie können auch mit Kindern gebacken werden, gelingen immer und die Zutaten können variiert werden.

Judith Horngacher

Silvester-schweinchen

250 g Dinkelmehl
75 g Staubzucker
1 Prise Salz
125 g Butter
1 Ei
1 Pkg. Vanillezucker
Ribiselmarmelade, fein passiert
Staubzucker (zum Bestreuen)

> Mehl, Zucker, Salz, Butter, Ei sowie Vanillezucker zu einem feinen, glatten Teig verkneten. Den Teig in Frischhaltefolie wickeln und für 1 Stunde in den Kühlschrank legen.

> Den Teig nochmal durchkneten und auf einer leicht bemehlten Arbeitsfläche dünn ausrollen (3 bis 4 mm). Nun mit einem Schweinchen-Ausstecher Kekse ausstechen. Bei jedem zweiten Keks in der Mitte mit einem kleinen Motivausstecher ein Miniherz ausstechen.

> Im vorgeheizten Backofen bei 160 °C Heißluft ca. 6 bis 7 Minuten hell backen. Anschließend die Kekse auskühlen lassen.

> Nun die Schweinchen mit Herz mit Staubzucker bestreuen und die Kekse mit Ribiselmarmelade zusammensetzen.

Tipp

Da der Teig leicht zu verarbeiten ist, kann man die Kekse auch gut mit Kindern zubereiten.

Für das neue Jahr eine Portion Glück in Form einer süßen Überraschung.

Heidi Bacher

Christstollen

400 g glattes Mehl
1 Pkg. Germ, trocken
80 g Zucker
125 ml Milch
185 g Butter
1 Msp. Kardamom
1 Msp. Muskatblüte
4 g Salz
70 g Rosinen
60 g Zitronat
40 g Aranzini
75 g Mandeln, gehackt
50 g Butter zum Bestreichen
Zucker, Vanillezucker und Staubzucker zum Bestreuen

> Mehl in eine Schüssel geben, Germ, Zucker, lauwarme Milch, warme Butter, Gewürze und Salz vermengen.

> Den Teig mit dem Mixer mit Knethaken so lange kneten, bis er sich von der Schüssel löst.

> Nun Rosinen, Zitronat, Aranzini und Mandeln hinzukneten.

> Den Teig zugedeckt an einem warmen Ort 30 bis 40 Minuten gehen lassen, dann nochmals kräftig durchkneten und weitere 30 bis 40 Minuten gehen lassen.

> Den aufgegangenen Teig auf einer bemehlten Arbeitsfläche zu einem länglichen Wecken formen, 10 Minuten zugedeckt ruhen lassen.

> Den Teigroller der Länge nach auf die Mitte des Weckens legen, eine Teighälfte leicht flachdrücken.

> Den ganzen Teig mit lauwarmem Wasser bestreichen, die flachgedrückte Teighälfte so über die andere legen, dass diese zu ¾ bedeckt ist.

> Jetzt den Stollen auf ein mit Backpapier belegtes Backblech legen und etwa 10 Minuten gehen lassen. Im vorgeheizten Rohr bei 180 °C Ober-/Unterhitze etwa 1 Stunde backen.

> Den Stollen sofort nach dem Backen mit flüssiger Butter bepinseln, anschließend zuerst mit Zucker, dann mit Staubzucker bestreuen.

Tipp **Wenn die Oberfläche zu früh braun wird, mit Alufolie abdecken.**

Überraschen und belohnen Sie sich selbst und Ihre Lieben mit dieser kleinen selbstgebackenen Köstlichkeit.

Anna Pletzenauer

Kletzenbrot

BROTTEIG

1 kg Roggenmehl
250 g Weizenmehl
40 g Germ, trocken
1 Prise Salz
Brotgewürz

FRÜCHTEMASSE

500 g Kletzen (getrocknete Birnen oder Zwetschken)
500 g Feigen
1 kg Rosinen
400 g Nüsse (nach Geschmack auch etwas mehr)
1 Pkg. Zeltengewürz
1 kl. Tasse Fruchtlikör oder Rum

- Kletzen und Feigen 10 Minuten kochen, anschließend klein schneiden. Beides mit den Rosinen, den Nüssen und dem Zeltengewürz gut vermischen. Eine kleine Tasse Fruchtlikör oder Rum dazugeben und über Nacht ziehen lassen.
- Mehl, Germ, Salz und Gewürze zu einem Brotteig verarbeiten, 1 Stunde gehen lassen. Ca. ¼ des Brotteigs auf die Seite legen.
- Nun die Früchtemasse unter ¾ des gegangenen Brotteigs mischen und nochmals eine Stunde gehen lassen.
- Wecken (je nach gewünschter Größe 4 große Wecken oder 6 bis 8 kleine) formen und nochmals kurz gehen lassen. Den beiseitegelegten Brotteig dünn auswalken und die Wecken damit umhüllen. Mit der Gabel Löcher einstechen.
- Alle Wecken nach Belieben mit Nüssen oder Früchten verzieren und mit Wasser bestreichen.
- Jetzt werden sie bei 200 °C Heißluft eine Stunde gebacken. Nach einer halben Stunde mit Alufolie abdecken, so wird der Zelten nicht zu dunkel.

Tipp

Am besten schmeckt das Kletzenbrot, wenn man es nach dem Auskühlen in Frischhaltefolie verpackt und für ca. 1 Woche an einem trockenen Ort ziehen lässt. Danach kann man den Wecken anschneiden und mit Butter genießen.

Dieser vorweihnachtliche Klassiker eignet sich bestens zum Verschenken.

Anna Pletzenauer

Apfelbrot

1,5 kg	Äpfel, mit Schale fein reiben
300 g	Feigen
300 g	Rosinen
200 g	ganze Haselnüsse
2 EL	Kakao
1 Pkg.	Lebkuchengewürz
1 kl. Tasse	Rum
4 cl	Fruchtschnaps
1 kg	griffiges Mehl
2 Pkg.	Backpulver
300 g	Zucker

> Äpfel, Feigen, Rosinen, Haselnüsse, Kakao und Lebkuchengewürz mit Rum und Fruchtschnaps vermengen und über Nacht in einer gut verschlossenen Rührschüssel ziehen lassen.

> Mehl, Backpulver und Zucker mit der Apfelmasse gut verrühren.

> Alles 4 bis 5 cm dick auf einem Backblech ausstreichen.

> Bei 180 °C Ober-/Unterhitze ca. 1½ Stunden backen.

> Das Apfelbrot nach dem Auskühlen in 10 bis 12 gleich große Stücke schneiden und in Frischhaltefolie verpacken, damit es nicht austrocknet.

Tipp **Dieses Rezept ist auch ohne Änderungen vegan.**

Ein Rezept, das viele von uns noch von ihrer Oma kennen: leicht, fruchtig und köstlich. Nett verpackt eignet sich dieses Apfelbrot perfekt als Geschenk.

Kreative Verpackungsideen für köstliche Kekse

Geben Sie Ihrem Geschenk eine persönliche Note!

In der heutigen schnelllebigen Zeit kann es schwierig sein, das perfekte Geschenk zu finden, das Liebe und Wertschätzung ausdrückt. Wenn es darum geht, unsere Lieben zu verwöhnen, können selbstgemachte Leckereien eine wunderbare Wahl sein. Kekse sind nicht nur köstlich, sondern auch ein Geschenk, das von Herzen kommt. Doch wie können wir unsere selbstgebackenen Kekse auf eine originelle und ansprechende Weise verpacken? Hier sind einige kreative Ideen, um Ihre Kekse zu verpacken und das Geschenk zu etwas Besonderem zu machen.

1.

Das klassische Einmachglas

Ein Einmachglas ist eine vielseitige Option, um Kekse zu verpacken. Sie können es mit verschiedenen Schichten von Keksen füllen, um einen schönen Effekt zu erzielen. Verwenden Sie unterschiedliche Keksformen und Farben, um eine bunte und attraktive Anordnung zu schaffen. Binden Sie eine hübsche Schleife um das Glas und fügen Sie eine handgeschriebene Notiz hinzu, um Ihrem Geschenk eine persönliche Note zu geben.

2.

DIY-Geschenkboxen

Wenn Sie handwerklich begabt sind, können Sie Ihre eigenen Geschenkboxen aus Karton oder Scrapboo-Papier herstellen. Schneiden Sie die Boxen in verschiedenen Formen aus und dekorieren Sie sie mit Bändern, Knöpfen oder Aufklebern. Füllen Sie die Boxen mit Ihren köstlichen Keksen und Sie haben ein einzigartiges und maßgeschneidertes Geschenk.

3.

Vintage-Verpackung

Bringen Sie mit einer Vintage-Verpackung einen Hauch von Nostalgie in Ihr Geschenk. Wickeln Sie die Kekse in Pergamentpapier oder Seidenpapier ein und binden Sie eine rustikale Schnur oder ein Band um das Paket. Verwenden Sie alte Postkarten oder Vintage-Etiketten, um dem Geschenk eine authentische Note zu geben. Ihre Lieben werden den Charme und die Sorgfalt, die Sie in die Verpackung gesteckt haben, zu schätzen wissen.

4.

Thematische Verpackung

Passen Sie die Verpackung an den Anlass oder die Vorlieben des Empfängers an. Wenn Sie beispielsweise Kekse zum Geburtstag verschenken, können Sie eine Verpackung mit bunten Ballons oder Kerzen wählen. Für Weihnachten könnten Sie kleine Kekse in einer mit Schnee bedeckten Geschenktüte oder einer hübschen Christbaumkugel verpacken. Denken Sie an die Persönlichkeit der Person und gestalten Sie die Verpackung entsprechend.

5.

Umweltfreundliche Optionen

Wenn Sie umweltbewusst sind, gibt es viele „grüne" Optionen, um Ihre Kekse zu verpacken. Verwenden Sie recyceltes Papier oder Stoffe wie Baumwolle oder Leinen, um Ihre Kekse einzuwickeln. Statt Plastikbändern können Sie eine Juteschnur oder Baumwollbänder verwenden. Betonen Sie die Nachhaltigkeit des Geschenks, indem Sie auf wiederverwendbare Behälter wie Glas- oder Edelstahlbehälter setzen. Diese können von Ihren Lieben wiederverwendet werden und tragen dazu bei, den Gebrauch von Einwegverpackungen zu reduzieren.

6.

Personalisierte Etiketten

Geben Sie Ihren Keksen eine persönliche Note, indem Sie personalisierte Etiketten verwenden. Drucken Sie Etiketten mit dem Namen des Empfängers oder einer liebevollen Botschaft aus und kleben Sie sie auf die Verpackung. Das verleiht dem Geschenk eine individuelle Note und zeigt, dass Sie sich die Zeit genommen haben, etwas Besonderes zu kreieren.

7.

Geschenkkörbe oder -tüten

Eine weitere großartige Möglichkeit, Kekse zu verpacken, ist die Verwendung von Geschenkkörben oder -tüten. Füllen Sie einen hübschen Korb mit verschiedenen Sorten von Keksen, kleinen Leckereien und vielleicht sogar einer Tasse oder einem Teeset, um ein perfektes Genusspaket zu erstellen. Alternativ können Sie eine dekorative Geschenktüte verwenden und sie mit farbigem Seidenpapier auslegen, um Ihre Kekse stilvoll zu präsentieren.

Für dic

8.

Cookie-Jar

Verschenken Sie nicht nur Kekse, sondern auch die Freude am Backen mit einem Cookie-Jar. Füllen Sie ein Glas in Schichten mit den trockenen Zutaten für die Kekse und befestigen Sie das Rezept am Glas. So können Ihre Lieben die Kekse zu einem späteren Zeitpunkt nachbacken und die Erfahrung genießen.

9.

Zubehör für Keksliebhaber

Wenn Sie wissen, dass der Empfänger ein begeisterter Keksliebhaber ist, können Sie diese Leidenschaft unterstützen, indem Sie Kekszubehör wie Ausstechformen, Teigroller oder lustige Spritzbeutel in Ihre Geschenkverpackung einbeziehen. Diese kleinen Extras werden sicherlich für Begeisterung sorgen.

10.

Die persönliche Note

Egal für welche Verpackungsoption Sie sich entscheiden, vergessen Sie nicht, Ihre Kekse mit einer persönlichen Notiz oder einer handgeschriebenen Karte zu begleiten. Ein paar liebevolle Worte können das Geschenk noch bedeutsamer machen und zeigen, wie sehr Ihnen der Empfänger am Herzen liegt.

Bei der Verpackung und dem Verschenken von Keksen geht es nicht nur darum, sie schön aussehen zu lassen, sondern vor allem darum, Ihre Liebe und Wertschätzung zu zeigen. Mit ein wenig Kreativität und Sorgfalt können Sie Ihre selbstgemachten Kekse in ein beeindruckendes Geschenk verwandeln, das sicherlich für strahlende Gesichter sorgt. Also lassen Sie Ihrer Fantasie freien Lauf und verwöhnen Sie Ihre Lieben mit köstlichen Keksen in einer Verpackung, die sie nie vergessen werden!

Rezeptregister

Herausgegeben von lk Bäuerinnen Tirol

IMPRESSUM

Nachhaltige Produktion ist uns ein Anliegen; wir möchten die Belastung unserer Mitwelt so gering wie möglich halten. Über unsere Druckereien garantieren wir ein hohes Maß an Umweltverträglichkeit: Wir lassen ausschließlich auf FSC®-Papieren aus verantwortungsvollen Quellen drucken, verwenden Farben auf Pflanzenölbasis und Klebestoffe ohne Lösungsmittel. Wir produzieren in Österreich und im nahen europäischen Ausland, auf Produktionen in Fernost verzichten wir ganz.

FSC www.fsc.org MIX Aus verantwortungsvollen Quellen FSC® C106954

2. Auflage 2023

Umschlaggestaltung: Tyrolia-Verlag unter Verwendung eines Bildes von Adobe Stock
Fotonachweis: alle Bilder stammen von Kary Wilhelm, außer S. 2-3 (Shutterstock), S. 4/6/36-37/88-89/118-119/122 (iStock) und S. 10/62-63/120-121/125/126 (AdobeStock)
Druck und Bindung: Florjančič, Maribor (SI)
ISBN: 978-3-7022-4139-1
E-Mail: buchverlag@tyrolia.at
Internet: www.tyrolia-verlag.at